L'ABBÉ DEVRAIS

MISSIONNAIRE APOSTOLIQUE, CURÉ D'ENGHIEN-LES-BAINS

ENGHIEN-LES-BAINS

POËME EN TROIS TABLEAUX

PARIS

IMPRIMERIE SIMON RAÇON ET Cⁱᵉ

1, RUE D'ERFURTH, 1

1875

ENGHIEN-LES-BAINS

Y+ ye

42023

Ce poëme se vend au profit de l'église d'Enghien, dont la construction et la décoration ne sont pas encore entièrement payées.

L'ABBÉ DEVRAIS

MISSIONNAIRE APOSTOLIQUE, CURÉ D'ENGHIEN-LES-BAINS

ENGHIEN-LES-BAINS

POÈME EN TROIS TABLEAUX

PARIS

IMPRIMERIE SIMON RAÇON ET Cᴱ

1, RUE D'ERFURTH, 1

—

1875

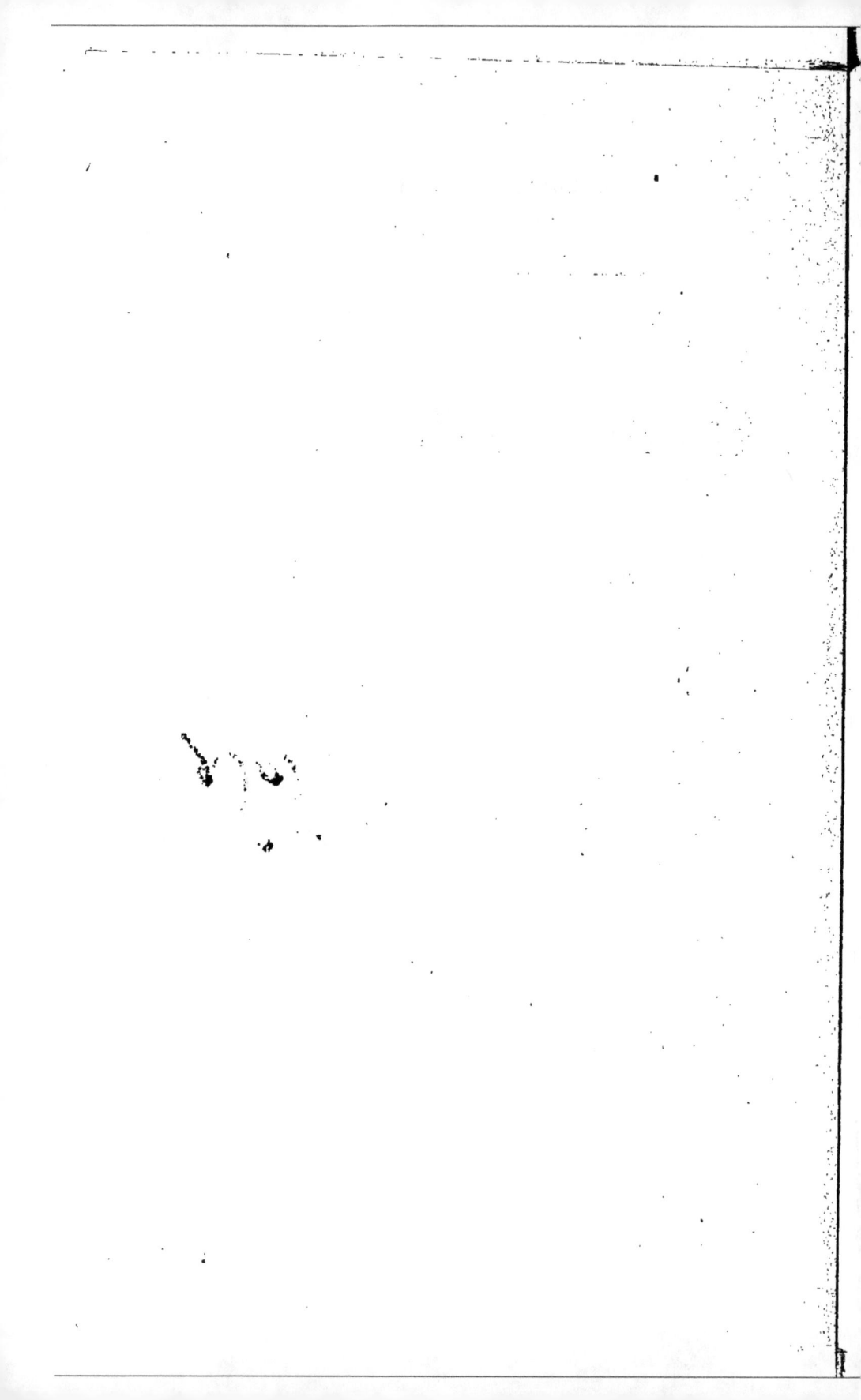

ENGHIEN-LES-BAINS

PROLOGUE

Enghien !... ce nom fameux éveille en ma mémoire
Des souvenirs mêlés de tristesse et de gloire :

Enghien, c'était le nom de ce jeune vainqueur
Dont le grand Bossuet a loué la valeur ;
De vingt peuples ligués pour asservir la France
Il sut, hardi guerrier, réprimer l'insolence,
Et, se couvrant de gloire aux plaines de Rocroi,
Sauva du même coup sa patrie et son roi.

Enghien ! ici mon cœur se resserre et s'indigne
Faut-il le rappeler cet attentat insigne,

Dont se souilla jadis ce fier Napoléon
Qui tremblait dans sa gloire au seul nom d'un Bourbon !
Faut-il rouvrir encor ce fossé de Vincenne
Où, brûlant d'assouvir une perfide haine,
Le jaloux empereur prépara son cercueil
Au prince inoffensif que craignait son orgueil.
L'insensé vainement enfouit sa victime ;
Un fossé, c'est trop peu pour cacher un tel crime !

Mais détournons les yeux d'un si triste tableau,
Et qu'Enghien nous fournisse un souvenir nouveau !
Saluons, sous ce nom, une cité naissante,
Qui, toute jeune encore, est déjà florissante ;
Saluons ces beautés, ces charmes souverains
Que le ciel a versés sur elle à pleines mains ;
Saluons et ce lac dont la verte ceinture
De tableaux variés nous offre la peinture,
Et ces jardins fleuris et ces jolis châteaux
Qui, refluant au loin du vallon aux coteaux,
S'élèvent par degrés d'étages en étages,
Et sèment l'horizon de riants ermitages.

O charmante vallée, ô ravissant Enghien,
Tu resplendis pour nous des grâces de l'Eden.

PREMIER TABLEAU

◦◦

LA VALLÉE

J'ai toujours, par instinct, admiré la nature ;
Les champs et leur moisson, les bois et leur verdure,
Doux charmes de notre âme autant que de nos yeux,
Dès mes plus jeunes ans m'ont attiré vers eux.
Que de fois, au retour du repos salutaire
Qu'octroyait, au mois d'août, la loi du séminaire,
N'ai-je pas parcouru ces prés, ces champs, ces bois
Que nos jeux enfantins recherchaient autrefois.
Souvent c'était à l'heure où le soleil plus pâle
Dorait de ses rayons la voûte occidentale :
Je quittais le village, et, mon livre à la main,
Du coteau préféré je prenais le chemin.

Assis sur le gazon, suspendant ma lecture,
Du bocage voisin j'admirais la parure ;
Puis, promenant au loin mes regards curieux,
D'un plus vaste tableau je délectais mes yeux.
C'étaient des champs couverts de moissons abondantes ;
C'étaient des laboureurs aux voix retentissantes ;
C'étaient de blancs troupeaux que le chien du berger,
Sur un cri de son maître, éloignait du verger ;
C'étaient de blonds enfants qui, sortis de l'école,
Insultaient le pommier ou grimpaient sur le saule ;
C'était le mendiant, pliant sous son panier,
Qui comptait son aumône, assis près du sentier.
Plus loin, dans le vallon, trois ou quatre villages
Dont les clochers d'azur tranchaient sur les nuages,
Formaient un large cadre à ces charmants tableaux.
Oh ! comme en contemplant ces champs et ces hameaux,
Comme, en portant les yeux de la plaine à la nue,
D'un bonheur vague et doux mon âme était émue !
Arrêté jusqu'au soir au flanc du mamelon,
Je laissais le soleil se perdre à l'horizon,
Je laissais les troupeaux rentrer aux bergeries ;
Et, poursuivant encor mes chères rêveries,
Je ne m'apercevais de la chute du jour
Que quand les bruits cessaient dans les champs d'alen-
Ou que le tintement de la cloche rustique   [tour,
Rappelait l'*Angelus* au peuple catholique.

O champs de Martimpuich, vallon de Bazentin,
Dont mon cœur a gardé le souvenir lointain ;
Frais et riants bosquets, solitude tranquille,
Où j'allais déclamer et savourer Virgile ;
Chapelle de Marie, où je venais, le soir,
Mon rosaire à la main, chercher un peu d'espoir ;
Ravin hospitalier où, surpris par l'orage,
Je me suis abrité quelquefois au passage,
Lieux à jamais chéris qu'après plus de vingt ans,
Je revois en esprit toujours plus ravissants,
Soyez, soyez bénis des heures fortunées
Dont vous avez pourvu mes meilleures années :
Mes souvenirs d'enfant me sont venus de vous,
Et ces souvenirs-là sont toujours les plus doux !

D'autres lieux cependant et d'autres paysages
Depuis ces jours heureux m'ont offert leurs images :
J'ai vu de l'Océan le bassin azuré,
Vaste étang que de Dieu l'œil seul a mesuré ;
Je l'ai vu, soulevant ses vagues furibondes,
Se jouer du navire attardé sur ses ondes,
Puis, cédant aux efforts des hardis matelots,
Apaiser, sous leur main, la rage de ses flots.
J'ai vu des monts, blanchis par la neige éternelle,
Qui dressaient sur mon front leur tête solennelle,
Des sillons déchirés où des torrents fangeux
Jetaient en mugissant leurs flots impétueux,

Des forêts de palmiers, des îles où l'orange,
Même au cœur de l'hiver, appelait la vendange ;
Et devant ces splendeurs où Dieu grava son nom,
J'ai chanté mon cantique à la création.

Mais qui peut de ce Dieu mesurer la puissance !
Qui peut mettre une borne à sa munificence !
Pendant que j'admirais ces sites enchanteurs
Dont s'enivraient au loin mes yeux contemplateurs,
Je ne me doutais pas qu'une voisine plage
Devait m'offrir bientôt son charmant paysage,
Qu'une large vallée, au gracieux contour,
Deviendrait avant peu mon fortuné séjour.

Salut, terre nouvelle où j'ai planté ma tente,
Enghien, non, tu n'as pas trompé ma douce attente !
Voilà bien ces jardins, ces chalets, ces villas
Qu'embaument, au printemps, des bosquets de lilas ;
Voilà ce lac célèbre où glisse la nacelle,
Et dont l'onde bleuâtre au soleil étincelle ;
Voilà cette vallée, agreste paradis,
Dont on m'avait vanté les charmes infinis,
La vallée où je dois, docteur évangélique,
Enseigner la loi sainte au peuple catholique,
Aux petits comme aux forts fournir leur aliment,
Le pain au plus robuste et le lait à l'enfant.
Voilà cette cité que l'étranger admire,

Et dont, chaque saison, l'eau salutaire attire
Tant de faibles santés que la vigueur du bain
Rétablira bientôt dans un état plus sain.

Merci de cet asile, aimable résidence,
Que je reçois, Seigneur, de votre Providence !
Oh ! comme à vous bénir l'homme est bien plus porté,
Comme il sent en son cœur croître la piété,
Quand la colline en fleurs, quand la vallée en joie,
Sous un ciel toujours pur à ses yeux se déploie !

Mais pourrais-je jouir d'un spectacle si beau,
Sans essayer au moins d'en tracer le tableau !

Au sortir de Paris, la vaste capitale,
Héroïque en vertus et célèbre en scandale,
Si du côté du nord vous dirigez vos pas,
Voyageur fortuné, vous ne tarderez pas,
Impatient de fuir les cités suburbaines,
A reposer vos yeux sur de riantes plaines,
Qui, variant d'aspect à vos regards surpris,
Vous font vite oublier les vains bruits de Paris.
Vous avez dépassé la ville abbatiale,
L'antique Saint-Denis, nécropole royale ;
Saint-Denis que l'usine aux toits toujours fumants
A fait le rendez-vous d'un peuple d'artisans,
Voici qu'à l'improviste, et comme par miracle,

Apparaît devant vous un tout autre spectacle :
C'est la Seine, ce fleuve aux flots capricieux,
Qui, fuyant à regret un vallon gracieux,
Hésite à s'élancer vers la plaine inconnue,
Et reprend par trois fois sa course interrompue ;
Plus loin c'est un château dont le parc enchanteur
Ombrage avec orgueil son riche possesseur ;
Ici les champs coupés d'un sol toujours fertile,
Semblables aux tronçons d'un immense reptile,
Vous offrent tour à tour, dans leurs sillons divers,
Et les blés jaunissants et les légumes verts.
Ailleurs, tranchant encor sur cette agriculture,
Quelques vergers, qu'enferme une blanche clôture,
Rassemblent sous la serre et ces fruits et ces fleurs
Dont l'avide Paris réclame les primeurs.
Puis ce sont des cités ou de simples villages
Qui rappellent parfois d'illustres personnages :
Voyez-vous ce gros bourg de grands arbres couvert?
C'est Épinay, le vieux manoir de Dagobert,
Épinay dont le nom désormais s'associe
Aux désastres sanglants que pleure la patrie ;
Tout près vous rencontrez le petit Ormesson ;
Voici Deuil, justement fier de son saint patron ;
Plus haut Montmorency, dont le nom vous rappelle
Des plus illustres preux la lignée immortelle,
Ce noble sang français mêlé de sang chrétien
Qui se versa vingt fois pour la cause du bien :

Montmorency, la ville à l'église gothique,
Dont la flèche légère, image emblématique,
S'élève vers le ciel, ainsi qu'un trait de feu
Qui du cœur, en priant, s'élancerait vers Dieu ;
Montmorency, qu'entoure une forêt immense
Dont on aime à goûter l'ombrage et le silence ;
Florissante cité qui, fuyant le coteau
Où ses premiers seigneurs ont assis son berceau,
Et brisent chaque jour son enceinte trop pleine,
S'ellonge avec bonheur de la cime à la plaine,
Séjour aérien d'où le regard s'étend
Des portes de l'aurore à celles du couchant ;
Montmorency qu'on aime à visiter sans doute,
Et dont souvent encore on reprendrait la route,
Si, pour charmer nos yeux et pour fixer nos pas,
Au pied de la colline Enghien n'existait pas ;
Enghien, joli séjour qui, d'année en année,
Offre un nouvel attrait à notre âme étonnée !

DEUXIÈME TABLEAU

—◇◇—

LE LAC

Qui n'a désiré voir et n'a pas visité
Les confins renommés de la grande cité!
Celui qui les a vus veut les revoir encore.
Chaque pas que l'on fait, chaque point qu'on explore
Provoque en votre cœur un cri reconnaissant
Et vous porte à chanter un hymne au Tout-Puissant.
Il n'est pas une ville, il n'est pas un village
Qui n'ait et sa merveille et son frais paysage :
Sèvre a sa porcelaine et Meudon son château,
Versailles son musée et ses nombreux jets d'eau,
Ville-d'Avray ses bois où plane le mystère,
Saint-Cloud ! — N'en parlons pas, il était beau naguère ! —

Voici de Bougival les verdoyants coteaux
Que la Seine, en passant, réfléchit dans ses eaux ;
Une étroite vallée enferme Louvecienne ;
Marly, dans sa forêt, pleure sa gloire ancienne :
Saint-Germain, toujours fier du grand nom de Louis,
Montre un berceau royal surmonté de trois lys,
Et, promenant nos pas sur sa longue terrasse,
Nous plonge dans un air qui ranime et délasse ;
Maisons a son beau parc, Sannois a son moulin,
Argenteuil sa colline où mûrit le raisin,
Montmorency ses champs aux cerises vantées,
Mais Enghien a son lac aux rives enchantées.

Celui dont la parole a tiré du néant
Et le ciel, et la terre, et le vaste océan,
Ce sage Créateur grava sur son ouvrage
De sa divinité l'ineffaçable image :
Le soleil, par sa vive et féconde clarté,
Figure du Très-Haut la gloire et la beauté ;
Les monts, dont le sommet se cache dans la nue,
Symbolisent de Dieu la grandeur inconnue ;
Le tonnerre, ébranlant tout un monde à la fois,
Est pour nos cœurs émus un écho de sa voix.
Mais l'image de Dieu nulle part ne s'est peinte,
Et nulle part sa main n'a laissé son empreinte
Comme sur l'Océan, dont le vaste bassin,
En rappelant les eaux qui sortent de son sein,

Nous révèle cet Être universel, immense,
Où toute créature et finit et commence.
Combien de fois, debout sur le sable doré,
Les yeux vers l'Océan, n'ai-je pas admiré
De la nappe des mers la splendide étendue!
Au plus loin que portait, hélas! ma faible vue,
C'était l'eau, toujours l'eau qui, confondue au ciel,
Posait à mon esprit un problème éternel.
Grand Dieu, qu'on est petit devant la mer immense,
Et qu'alors la prière est un profond silence!

Mais pour flatter les yeux et charmer nos loisirs,
Le liquide élément offre d'autres plaisirs.
Ici c'est un ruisseau qui, sur un lit de mousse,
Promène lentement son eau limpide et douce;
Là c'est un fier torrent qui, du haut de nos monts,
Traîne des flots fangeux à travers nos sillons;
Plus loin un fleuve large, aux rives sablonneuses,
Roule avec majesté ses ondes orgueilleuses;
Ailleurs, — qui peut compter les aspects gracieux
Que l'eau sait revêtir pour nous charmer les yeux! —
Ailleurs c'est un beau lac dont le cristal liquide
Ne s'altère jamais et jamais ne se ride.
Un beau lac..., à ce mot mon esprit transporté
Se souvient de la Suisse, où mon œil enchanté,
Pour la première fois, a contemplé naguère
D'un lac aux bords ombreux l'aspect doux et sévère.

Mais la Suisse et ses lacs, en ses vallons épars,
Ne seront pas les seuls à flatter nos regards :
O France, sois-en fière, une riche nature
De ses trésors aussi te combla sans mesure ;
Et sans rien envier aux plus heureux climats,
Tu peux t'enorgueillir de beautés qu'ils n'ont pas ;
Vois Enghien, vois son lac, et dis si l'Helvétie
Ne doit pas sur ton sol jeter un œil d'envie !

O mon lac bien-aimé, que de tableaux divers
M'ont été, sur tes eaux, depuis quatre ans offerts !
Hélas ! J'ai vu d'abord, et mon âme française
A ce seul souvenir retrouve le malaise ;
J'ai vu des étrangers, par la guerre amenés,
Camper avec fierté sur tes bords consternés ;
Je les ai vus, jetant leur butin dans tes ondes,
Souiller tes flots si purs de dépouilles immondes.
La nacelle, en ces jours de tristesse et d'émoi,
Le soir ni le matin ne voguait plus sur toi ;
Et le cygne, vivante et rapide nacelle,
A tes flots envahis se montrant infidèle,
Avait, dans un climat de la guerre abrité,
D'un vol indépendant, cherché la liberté.
Mais des jours plus heureux, un destin plus prospère
Ont succédé pour nous aux malheurs de la guerre :
Le farouche vainqueur s'est éloigné de nous.
Le soleil sur le lac jette un rayon plus doux ;

Ses échos ne sont plus troublés par la mitraille ;
Ses poissons qu'effrayait le bruit de la bataille,
Reprennent leurs ébats longtemps interrompus ;
De leur exil forcé nos cygnes revenus,
Parcourent de nouveau ses eaux purifiées ;
Le pêcheur, radoubant ses nacelles noyées,
Songe à ces jours heureux où ses larges filets
Rompaient, dès le matin, sous le poids des brochets.
Mais ces jours reviendront!... qu'entends-je ! un chant
Que le flot nous apporte et que l'écho répète,   [de fête,
Retentit sur le lac.... Des canotiers nombreux,
D'une lutte aquatique athlètes vigoureux,
Déroulent sur le port leur troupe bigarrée.
Autour d'eux une foule anxieuse et serrée,
Attendant du combat le désiré signal,
Accuse la lenteur du spectacle naval.
Il commence. Voyez avec quelle assurance
Chaque bateau rival sur les ondes s'élance :
Les lutteurs acharnés, avares de leur temps,
De leur corps, de leurs bras hâtent les mouvements,
Battent l'eau de leur rame, et, d'une voix fiévreuse,
Gourmandent à grands cris leur barque paresseuse,
Jettent sur leurs rivaux, qui se pressent comme eux,
Des regards où se lit leur désir envieux.

La foule cependant, debout sur le rivage,
Entre les concurrents dans ses vœux se partage :

En des sens opposés les paris sont ouverts,
L'un protége les *bleus* et l'autre est pour les *verts.*
Chacun suit du regard la barque qu'il préfère ;
Que ne peut-il, au moins, la rendre plus légère !
Des gestes de son corps il hâte la lenteur,
Des vents, pour la pousser, appelle la faveur,
Jouit quand elle peut devancer ses rivales,
Mesure avec espoir les trop longs intervalles
Qu'il reste à parcourir avant d'atteindre enfin
Le but qui des lutteurs doit fixer le destin.
Mais déjà deux bateaux, demeurés en arrière,
Désertent tristement la liquide carrière,
Un troisième bientôt se désiste à son tour :
Tous trois sont en silence accueillis au retour.
Quatre luttent encor : la victoire indécise
Entre ces champions hésite et se divise :
Tantôt c'est l'un, tantôt c'est l'autre qui, plus prompt,
Devance son voisin qui pleure cet affront.
Mais la rage l'anime, et, reprenant l'avance,
Le vaincu triomphant retrouve l'espérance.
Enfin, l'heureux vainqueur arrive dans le port.
Et de chaque nacelle on décrète le sort,
Autre jeu : c'est un mât dont la pente traîtresse
Provoque des garçons l'audacieuse adresse ;
Tous ont déjà dix fois vainement entrepris
D'aller jusqu'à son faîte en arracher le prix ;
Chaque rival, dans l'eau, l'un sur l'autre culbute,

Aux cris des assistants que réjouit leur chute.
Mais quel autre spectacle attire mes regards !
Ah ! réjouissons-nous d'une course aux canards.
Pour nos rudes nageurs quelle pénible tâche !
Chacun vise un oiseau qu'il poursuit sans relâche.
Il l'atteint, le saisit, mais le plongeur soudain
Par un heureux coup d'aile échappe de sa main ;
Et l'homme, qui longtemps à courir se consume,
Du canard envolé n'emporte que la plume.
Tel, courant à la gloire, un jeune ambitieux
Voit en de vains désirs s'évanouir ses vœux.

Mais, le soir arrivé, la fête recommence,
Et d'autres jeux au lac appellent ma présence :
Tout à coup au milieu des ombres de la nuit
De feux artificiels l'étang s'allume et luit ;
S'élevant vers les cieux, la sifflante fusée
Retombe lentement en brillante rosée ;
Puis, des globes de feu, se croisant dans les airs,
Reeflêtent dans les eaux leurs mouvements divers ;
Puis, ce sont des arceaux, de riches arabesques,
Des monuments de flamme aux formes gigantesques ;
Puis des torrents de feu, des flots de diamant
Qui transforment le lac en un vrai firmament.
D'un spectacle inouï la foule émerveillée,
Bien avant dans la nuit prolonge sa veillée,
Ne quitte qu'à regret ces lieux où tout le jour

Dix plaisirs variés l'émurent tour à tour,
Et, s'éloignant du lac, rentré dans le silence,
D'une fête prochaine emporte l'espérance.

Mais une autre saison amène d'autres jeux :
Mon lac m'attire encor quand l'hiver rigoureux,
Étendant sur les eaux une attrayante glace,
De patineurs ardents sollicite l'audace.
Voyez-les s'élancer, aussi prompts que l'éclair
Qui paraît tout-à-coup et disparaît dans l'air.
Tantôt ils volent droit ; tantôt avec prestesse,
Dans des tours infinis, ils marquent leur adresse,
Décrivent des circuits, gravent même leurs noms.
Changeant à tout instant leurs évolutions,
Mon œil les suit à peine, et mon âme inquiète,
Quand le hardi coureur sur un pied pirouette,
Tremblant de voir sous lui la glace s'entr'ouvrir,
Au jeu dramatique ose à peine applaudir.
Oh ! que le ciel, beau lac, te protégeant sans cesse,
Écarte de tes flots toute ombre de tristesse !
Et qu'un joyeux spectacle, et l'hiver et l'été,
Nous plaise par son charme et sa variété !

TROISIÈME TABLEAU

—◇◇—

LES THERMES

Non, je n'ai pas de l'eau redit tous les bienfaits !
Je n'ai qu'à peine encore esquissé ses attraits :
Immobile ou fuyant à travers le feuillage,
L'eau, sous tous les aspects, anime un paysage,
Au sol le plus ingrat prête un air de gaîté,
Et préserve un vallon des ardeurs de l'été.
Mais c'est peu que d'offrir à l'œil, qui s'en délasse,
Un spectacle champêtre, un tableau plein de grâce,
L'eau, suave élément où Dieu cacha ses dons,
Ménage à nos désirs les biens les plus féconds.
Mais je sens dans mon sein fermenter mon délire,
Sur un mode plus haut je monterai ma lyre.

Au début, quand le monde encor n'est que chaos,
L'Esprit vivifiant, descendant sur les flots,
Mêle aux eaux qu'il féconde une sainte énergie,
Et dépose en leur sein un élément de vie.
Plus tard, vengeant ses droits lâchement méconnus,
Dieu punit par les eaux les hommes corrompus,
Et les flots déchaînés d'un terrible déluge
Poursuivent les mortels dans leur dernier refuge.
Mais cette eau, des pécheurs trop juste châtiment,
Des bontés du Très-Haut est aussi l'instrument :
Effaçant de nos fronts un antique anathème,
Elle verse en nos cœurs la grâce du baptême,
Et, nous purifiant dans un bain qui guérit,
D'enfants maudits nous fait enfants de Jésus-Christ.
Ah ! bénissons le ciel de ces faveurs insignes,
Du nom d'enfant de Dieu ne soyons pas indignes,
Et chrétiens en effet, sachons vivre en chrétiens !

Mais si l'âme a ses maux, notre corps a les siens :
Du crime originel fatale conséquence !
L'homme marche ici-bas de souffrance en souffrance,
Il ne naît, il ne vit que pour souffrir toujours.
Cependant pour nos maux le ciel a des secours :
Dans les fleurs, dans les fruits et dans les herbes mêmes,
Il a caché pour nous des remèdes suprêmes.
Que de fois un sirop, avec art apprêté,
A su de ma poitrine adoucir l'âcreté ;

Ou·que de fois mon sang dut à la plante amère
La liqueur qui l'épure et qui me régénère !
Mais de tous les secours que le ciel généreux
Réserve à nos santés et procure à nos vœux,
Sans doute il n'en est pas qui soit plus salutaire
Que celui dont les eaux recèlent le mystère.
Infirme langoureux, que le mal obstiné
A périr jeune encor semble avoir condamné,
Non, vous ne mourrez pas : la source minérale
Fournit à votre espoir cette eau médicinale
Qui, rendant la vigueur à votre faible corps,
Pour des jours encor longs raffermit ses ressorts.
Enghien, tu les connais, tu les vois par centaines,
Ces bienfaits de nos eaux, ces cures souveraines !

Ici c'est un malade, à la fleur de ses jours,
Qui des bains sulfureux réclame le secours;
L'heureux adolescent qui la veille agonise,
Voit refleurir soudain sa santé compromise.
Ailleurs c'est un guerrier, frappé dans les combats,
Dont un bâton noueux soutient les faibles pas,
Mais dont les yeux encor respirent l'énergie....
Ah ! s'il pouvait guérir sa blessure élargie,
Peut-être que son bras, un jour au champ d'honneur,
Retrouverait encor son ancienne valeur,
Il la retrouvera : déjà la douleur cède
Aux soins de la science, au charme du remède ;

Le soufre, en s'infiltrant dans son sang, dans ses chairs,
Cicatrise sa plaie et dilate ses nerfs.
Voyez-le : sur son front que la joie illumine,
La cure merveilleuse aisément se devine ;
Aussi, vantant nos bains et leur salubrité,
Il leur voue, en partant, un culte mérité.
Un jour c'est l'avocat, vengeur de l'innocence,
Qui retrouve en nos eaux la voix et l'éloquence ;
Ou bien c'est une mère, esclave du devoir,
De sa famille en pleurs unique et cher espoir,
Qui, dévouant aux siens ses nuits et ses journées,
Verra la mort peut-être abréger ses années....
Mais non ! l'eau salutaire a ranimé ses jours,
Et le ciel favorable en prolonge le cours.
Enfin c'est un pasteur, ardent missionnaire,
Dont le saint tribunal et la divine chaire
Ont épuisé la force, hélas ! et maintenant
La raison lui prescrit un repos désolant.
Que fera-t-il ? O ciel, qui dira son angoisse !
Faudra-t-il pour toujours délaisser sa paroisse ?
Mais il est si chéri des enfants du hameau !
Ou bien restera-t-il au sein de son troupeau ?
Mais comment remonter à l'autel, à la chaire,
Quand le mal, qui s'accroît, le condamne à se taire ?
Notre Enghien, cependant, s'offre à son souvenir,
Vers ce port de salut on l'invite à venir.
Il arrive, il se livre au bienfaisant régime

Dont le premier essai lui plaît et le ranime ;
Et les bains, et les eaux, et leur exhalaison,
Achèvent en vingt jours sa prompte guérison.
Allez, heureux pasteur, votre paroisse encore
Entendra les leçons du père qu'elle honore,
Et, louant avec vous le bienfaiteur divin,
De nos eaux, à son tour, bénira le destin.

Ainsi, dans mon bonheur, je célébrai ta gloire,
Admirable cité, si chère à ma mémoire !
Ainsi, charmant Enghien, j'exaltai dans mes chants
Tes grâces, ton beau lac, tes thermes bienfaisants ;
Et, cédant sans effort au souffle poétique,
Je reprenais pour toi ma lyre catholique.
Tel, l'oiseau de passage, arrêté sur l'ormeau,
Fait retentir le bois de son chant le plus beau,
Et, par le mouvement de l'aile qui palpite,
Témoigne son bonheur à l'arbre qui l'abrite.

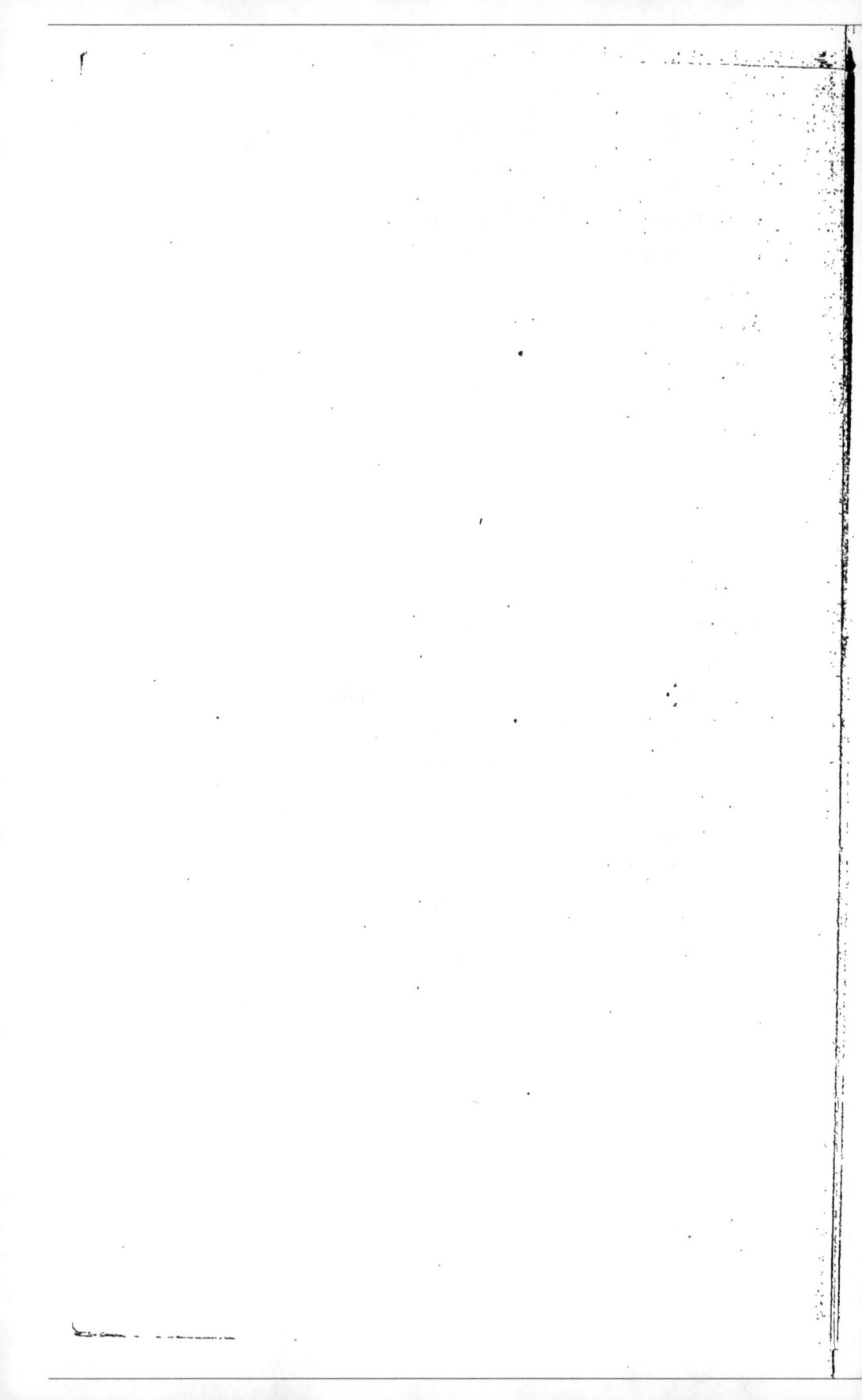

ÉPILOGUE

Une église s'élève au sein de la cité,
Cher et beau monument que j'aime et je décore.
C'est pour elle, chrétiens, que ma voix vous implore :
Au temple du Seigneur faites la charité.

Foyer des souvenirs intimes,
Une église rappelle au cœur
Et nos espérances sublimes
Et nos seuls jours d'un vrai bonheur :

N'est-ce pas au seuil de l'église
Que nous trouvons ces fonts sacrés,
Où le prêtre de Dieu baptise
Nos fronts, dans l'eau régénérés.

N'est-ce pas à l'église encore
Qu'un Dieu me reçoit dans ses bras,
Quand du péché, que je déplore,
Je lui fais l'humble aveu tout bas.

Plus loin la table eucharistique
Me rappelle ce doux festin,
Où, sous le voile emblématique,
Un Dieu descend dans notre sein.

Voilà ce divin sanctuaire
Où Jésus nous appelle à lui,
Ce tabernacle tutélaire
Qui pour tout homme est un appui.

Ici le défunt que je pleure
A reçu mon suprême adieu...
Ah ! que l'on vive ou que l'on meure,
On a toujours besoin de Dieu.

Dieu, le Dieu créateur que l'univers adore,
Quoi ! c'est lui que je vois sous ce temple abrité !
Chrétiens, vous l'entendez ; lui-même vous implore :
Au Dieu qui vous créa faites la charité.

C'est le Dieu qui pour nous naquit dans une étable,
Et pour nous enrichir souffrit la pauvreté ;

Chrétiens, un Dieu petit n'en est que plus aimable :
Au Dieu de Bethléem faites la charité.

C'est le Dieu qui, toujours altéré de notre âme,
Pour affranchir nos cœurs perdit la liberté ;
Chrétiens, en souvenir de son supplice infâme,
Au Dieu de Golgotha faites la charité.

C'est le Dieu, — que chacun à ce spectacle tremble ! —
Le Dieu, maître du temps et de l'éternité,
Un jour qui jugera tout l'univers ensemble :
Chrétiens, à ce grand Dieu faites la charité.

C'est lui, c'est toujours lui qui, sévère, mais juste,
Ouvrira son beau ciel à votre sainteté ;
Chrétiens, pour obtenir la récompense auguste,
Au Dieu du paradis faites la charité.

www.ingramcontent.com/pod-product-compliance
Lightning Source LLC
Chambersburg PA
CBHW060523210326
41520CB00015B/4286